Billie Swint '01